✻ 고전인문철학수업 1

1. 과거를 창조함에 대하여 (플라톤, 소크라테스의 변명)
2. 소극적 자유와 적극적 자유에 대하여 (니체, 인간적인 너무나 인간적인)
3. 자유의지에 대하여 (도스토예프스키, 지하생활자의 수기)
4. 자유로운 일과 자유를 주는 일에 대하여 (아우렐리우스, 명상록)
5. 창조의 힘, 개별의지에 대하여 (루소, 인간불평등기원론)
6.. 개별의지의 적용에 대하여 (플라톤, 국가 Ⅰ)
7. 선택받는 삶과 선택하는 삶에 대하여 (데카르트, 방법서설)
8. 올바름과 어리석음에 대하여 (플라톤, 국가 Ⅱ)

✻ 고전인문철학수업 2

9. 제3의 탄생에 대하여 (베이컨, 신논리학)
10. 꿈의 구조도에 대하여 (한비, 한비자)
11. 생각의 지도에 대하여 (통합사유철학강의)
12. 숭고한 나눔에 대하여 (칼릴지브란, 예언자)
13. 명예로운 삶에 대하여 (아우렐리우스, 명상록)
14. 우리에게 중요한 것들에 대하여 (생텍쥐페리, 어린 왕자)
15. 삶의 목적에 대하여 (장자, 장자)
16. 참과 진리에 대하여 (니체, 반시대적 고찰)

✻ 고전인문철학수업 3

17. 여유로움과 나태함에 대하여 (키르케고르, 디아프살마타)
18. 성찰과 회복에 대하여 (데카르트, 성찰)
19. 아름다움에 대하여 (칼릴지브란, 예언자)
20. 행동과 열정에 대하여 (서머싯 몸, 달과 6펜스)
21. 겸손과 지혜에 대하여 (한비, 한비자)
22. 인식의 세 단계에 대하여 (니체, 차라투스트라는 이렇게 말했다)
23. 진실과 오해에 대하여 (체호프, 체호프 단편선)
24. 인간의 조건에 대하여 (카프카, 변신)

✻ 고전인문철학수업 4

25. 평등한 세상을 위하여 (루소, 사회계약론)
26. 인간의 본성에 대하여 (알퐁스 도데, 별)
27. 문제와 해결에 대하여 (헤르만 헤세, 데미안)
28. 허영과 충만에 대하여 (파스칼, 팡세)
29. 편견과 본성에 대하여 (마크트웨인, 왕자와 거지)
30. 자기철학에 대하여 (아우렐리우스, 명상록)
31. 자존과 수용에 대하여 (사르트르, 문학이란 무엇인가)
32. 노력과 만족에 대하여 (이솝, 이솝 우화)

✻ 고전인문철학수업 5

33. 배려와 희생에 대하여 (법구, 법구경)
34. 유익과 선에 대하여 (키케로, 의무론)
35. 존재에 대하여 (사르트르, 구토)
36. 시대정신에 대하여 (헤겔, 역사철학강의)
37. 목적과 자격에 대하여 (아리스토텔레스, 정치학)
38. 인내와 용기에 대하여 (성서, 잠언)
39. 배움의 이유에 대하여 (마키아벨리, 군주론)
40. 성공의 길과 진리의 길에 대하여 (헤르만 헤세, 나비)

✻ 고전인문철학수업 6

41. 이해와 사랑에 대하여 (오헨리, 마지막 잎새)
42. 이해와 득실에 대하여 (냉철한 그리고 분노하는, 철학자들의 생각)
43. 합리적 계책에 대하여 (나관중, 삼국지)
44. 평등과 자격에 대하여 (냉철한 그리고 분노하는, 철학자들의 생각)
45. 시간과 존재에 대하여 (실존을 넘어서)
46. 자유와 평등에 대하여 (홉스, 리바이어던)
47. 관계와 인간에 대하여 (니체, 인간적인 너무나 인간적인 Ⅰ)
48. 나와 [나]에 대하여 (니체, 인간적인 너무나 인간적인 Ⅱ)

✷ **토론의 정석 1**
| 인문철학교육총서 7 |

49. 우리 시대 약자는 살기 괜찮은가: 약자에 대한 판결 불공정 문제
50. 우리 시대 교육은 문제없는가: 대학 서열 문제
51. 우리 시대 직업은 그 역할을 다하고 있는가: 직업 서열 문제
52. 우리 시대는 술과 정신병 문제에 대한 대처를 잘하고 있는가: 술, 정신병 문제
53. 우리 시대는 부동산 등 불로소득을 잘 징계하고 있는가: 부동산, 불로소득 문제
54. 우리 시대 종교는 타락하고 있지 않은가: 타락한 종교 문제
55. 우리 시대는 처벌에 대해 평등의 원칙을 잘 준수하는가: 공평한 벌금 문제
56. 우리 시대는 정당방위를 충분히 보장하고 있는가: 정당방위 문제

✷ **토론의 정석 2**
| 인문철학교육총서 8 |

57. 우리 시대는 계층 문제를 충분히 고려하고 있는가: 계층 문제
58. 우리 시대의 제사, 결혼, 장례 문화는 적절한가: 제사, 결혼, 장례의 전통 문제
59. 우리 시대는 상속을 왜 허용하면 안 되는가: 상속 문제
60. 우리 시대는 아직 일본과의 관계를 해결하지 못하고 있는가: 일본과의 관계 문제
61. 우리 시대는 남북통일을 잘 추진하고 있는가: 남북한 통일 문제
62. 우리 시대는 한중일 3국 연합을 준비하고 있는가: 한중일 연합 문제
63. 우리 시대는 개인의 생명과 안전을 스스로 지킬 수 있는가: 총기 소지 문제
64. 우리 시대는 모두의 인권을 존중해야 하는가: 인권과 사형 문제

✷ **논술의 정석 1**
| 인문철학교육총서 9 |

65. 인간과 문화에 대하여: 비교와 추론
66. 인간과 환경에 대하여: 추론과 비판
67. 인간과 문학에 대하여: 비교와 평가
68. 인간과 예술에 대하여: 비교와 관점
69. 인간과 리더에 대하여: 분류와 평가
70. 인간과 평등에 대하여: 비교와 비판
71. 인간과 문명에 대하여: 비교와 대안
72. 인간과 운명에 대하여: 활용과 평가

✽ 논술의 정석 2
| 인문철학교육총서 10 |

73. 인간과 평화에 대하여: 비교와 추론
74. 인간과 기계에 대하여: 비교와 설명
75. 인간과 성취에 대하여: 비교와 평가
76. 인간과 정직에 대하여: 차이와 해석
77. 인간과 공정에 대하여: 핵심과 전개
78. 인간과 사회에 대하여: 추론과 근거
79. 인간과 빈곤에 대하여: 옹호와 비판
80. 인간과 존엄에 대하여: 서술과 한계

✽ 논술의 정석 3
| 인문철학교육총서 11 |

81. 인간과 합리에 대하여: 분류와 추론
82. 인간과 실존에 대하여: 적용과 해석
83. 인간과 발전에 대하여: 분석과 견해
84. 인간과 윤리에 대하여: 논점과 비판
85. 인간과 소외에 대하여: 해석과 대안
86. 인간과 대안에 대하여: 분석과 타당
87. 인간과 신뢰에 대하여: 평가와 추론
88. 인간과 정의에 대하여: 분류와 요약

✽ 창작의 정석 1
| 인문철학교육총서 12 |

89. 명예로움에 대하여: 수필
90. 숭고함에 대하여: 수필
91. 자기 세계에 대하여: 수필
92. 방향(芳香)에 대하여: 수필
93. 가난함에 대하여: 논설
94. 강함에 대하여: 논설
95. 오류에 대하여: 논설
96. 기다림에 대하여: 논설

✱ 창작의 정석 2
| 인문철학교육총서 13 |

97. 바라지 않음에 대하여: 우화/동화/시
98. 어리석음에 대하여: 우화/동화/시
99. 우월함에 대하여: 우화/동화/시
100. 무아(無我)에 대하여: 우화/동화/시
101. 감성에 대하여: 소설/극본
102. 의지에 대하여: 소설/극본
103. 거짓에 대하여: 소설/극본
104. 진리에 대하여: 소설/극본

인문철학교육총서

창작의 정석 2

지성과문학사

창작의 정석 2

인문철학교육총서

창작의 정석 2

이 책은 창의적 글쓰기(창작)를 위한 인문철학 교육서이다. 이 책은 인문철학을 시작하려는 사람에게 상당히 적합한 책이다. 이 책은 인문철학을 깊이 전공하는 전문가에게도 자못 적합한 책이다. 이 책은 모든 학생이 공부할 수 있는 책이다. 이 책은 삶의 목표를 찾고 있는 사람에게 괜찮은 책이다. 이 책은 세상을 이끌려는 리더에게 그런대로 적합한 책이다. 이 책은 학생들을 가르치는 교육자에게 꽤 적합한 책이다. 이 책은 삶을 뒤돌아보는 이들에게 때때로 적합한 책이다. 이 책은 무슨 책을 읽어야 할지 모르는 사람들에게 나쁘지 않은 책이다. 이 책은 자신이 부족해 보일 때 조금 용기를 주는 책이다. 이 책은 누군가 거만한 사람에게 선물하면 좋은 책이다. 이 책은 소중한 사람들과 같이 공부하기에 제법 적합한 책이다. 이 책은 차분히 삶을 디자인하려는 사람에게 조금은 도움이 되는 책이다.

JH

인문철학교육총서

* 차례 *

창작의 정석 2

97. 바라지 않음에 대하여: 우화/동화/시   *11*

98. 어리석음에 대하여: 우화/동화/시   *43*

99. 우월함에 대하여: 우화/동화/시   *75*

100. 무아(無我))에 대하여: 우화/동화/시   *107*

101. 감성에 대하여: 소설/극본   *139*

102. 의지에 대하여: 소설/극본   *171*

103. 거짓에 대하여: 소설/극본   *203*

104. 진리에 대하여: 소설/극본   *235*

인문철학교육총서

97. 바라지 않음에 대하여

바라지 않고 하는 일이 과연 가능한 일인가?

97. 바라지 않음에 대하여

1. 나에 대하여

문제 내가 무언가 바라고 했던 일에 대하여 구체적으로 기술해 보시오. (400자)

200자

400자

97. 바라지 않음에 대하여

2. 창의적 글쓰기: 우화/동화/시

81

바라지 않음

산속 시냇물 소리는 편안한 데

사람과 있으면 그렇지 않다.

시냇물에는 아무것도 바라지 않지만

사람에게는 그럴 수 없다.

행복의 조건이다.

2. 창의적 글쓰기: 우화/동화/시

내용 1 아무것도 바라지 않고 했던 일에 대하여 기술하시오. (300자)
내용 2 우리 사회를 비판하고 대안을 제시하시오. (300자)

200자

400자

600자

97. 바라지 않음에 대하여

2. 창의적 글쓰기: 우화/동화/시

82

변함없음

살아서 변함없는 내가 있다면

죽어서도 변함없을 것이다.

나는 그것을 위해 살겠다.

2. 창의적 글쓰기: 우화/동화/시

내용 1 나의 변함없는 모습, 하나를 자세히 기술하시오. (300자)
내용 2 우리 사회를 비판하고 대안을 제시하시오. (300자)

200자

400자

600자

97. 바라지 않음에 대하여

2. 창의적 글쓰기: 우화/동화/시

83

물러섬

모두가 자존감으로 무장되어

자기만 위해 달라 아우성이다.

자존감 작은 선인(善人)만 양보하니

선인일수록 가난해진다.

하지만 행복은 그들의 것.

행복의 조건은 나의 것 만큼의 타인의 자존이다.

2. 창의적 글쓰기: 우화/동화/시

내용 1 내가 다른 사람에게 양보한 것들을 모두 기술하시오. (300자)
내용 2 우리 사회를 비판하고 대안을 제시하시오. (300자)

200자

400자

600자

97. 바라지 않음에 대하여

2. 창의적 글쓰기: 우화/동화/시

84

자기창조

어느 여름에서 가을까지

숲과 하늘, 구름, 땅, 바람 그리고 노을의 운율 속에서

한 대상이 창조된다.

행복의 조건과 아주 닮았다.

2. 창의적 글쓰기: 우화/동화/시

내용 1 지금 이 순간, 나 자신을 창조해 보시오. (300자)
내용 2 우리 사회를 비판하고 대안을 제시하시오. (300자)

97. 바라지 않음에 대하여

2. 창의적 글쓰기: 우화/동화/시

85

자유 주기

진리는 최대 다수에게 최대 자유를 부여한다.

철학을 몰라도 그런 삶을 산다면

그는 위대한 철학자이다.

진리를 알고 행하나 모르고 행하나

결과는 그렇게 다르지 않다.

행복을 위해 살면 고달프고

행복하게 살면 행복하다.

2. 창의적 글쓰기: 우화/동화/시

내용 1 행복을 위해 하는 일들과 지금 행복하게 하고 있는 일들을 기술하시오. (300자)
내용 2 우리 사회를 비판하고 대안을 제시하시오. (300자)

97. 바라지 않음에 대하여

86
나눔

행복을 나누겠다 하지만

지금 나도 행복하기 어렵다.

그럼에도 나누려는 마음이 생기지 않으면

행복하기는 더 어렵다.

행복의 조건이다.

2. 창의적 글쓰기: 우화/동화/시

내용 1 내가 타인을 위해 나눌 수 없다고 생각하는 것들을 기술하시오. (300자)
내용 2 우리 사회를 비판하고 대안을 제시하시오. (300자)

200자

400자

600자

97. 바라지 않음에 대하여

2. 창의적 글쓰기: 우화/동화/시

87
두려워하지 않음

명랑해도 된다.

무더운 여름밤 어깨를 스치는 서늘한 바람을 느낄 수 있으면.

두려워하지 않아도 된다.

지금 숨 쉴 수 있으면.

행복이 불가능한 때란 없다.

2. 창의적 글쓰기: 우화/동화/시

내용 1 내가 무엇인가 두려워하고 있는 것들을 기술하시오. (300자)
내용 2 우리 사회를 비판하고 대안을 제시하시오. (300자)

200자

400자

600자

97. 바라지 않음에 대하여

2. 창의적 글쓰기: 우화/동화/시

88
세상을 바꿈

고독한가, 암울한가?

나를 바꾸겠는가, 세상을 바꾸겠는가?

세상을 바꾸는 것은

의외로 간단해서

내 주위 열 사람으로 충분하다.

2. 창의적 글쓰기: 우화/동화/시

내용 1 내 주위 열 사람과 그 사람들의 특징을 기술하시오. (300자)
내용 2 우리 사회를 비판하고 대안을 제시하시오. (300자)

97. 바라지 않음에 대하여

2. 창의적 글쓰기: 우화/동화/시

89

여유로움

그는 토요일 해가 드는 오후

문득 한가함이 느껴지면 잠시 나를 찾아온다.

그는 나와 이야기하고 싶어 하는데

나는 항상 다른 친구를 찾는다.

2. 창의적 글쓰기: 우화/동화/시

내용 1   내가 여유로움을 느낄 때, 세 가지 상황을 기술하시오. (300자)
내용 2   우리 사회를 비판하고 대안을 제시하시오. (300자)

200자

400자

600자

97. 바라지 않음에 대하여

2. 창의적 글쓰기: 우화/동화/시

90

현명하지 않음

현명해지려 그리고 현명함을 드러내려

너무 노력할 것 없다.

내가 없어도 물은 흐르고 꽃은 핀다.

현명함도 어리석음도 개인의 취향일 뿐이다.

2. 창의적 글쓰기: 우화/동화/시

내용 1 나의 현명한 점과 어리석은 점을 세 가지씩 기술하시오. (300자)
내용 2 우리 사회를 비판하고 대안을 제시하시오. (300자)

200자

400자

600자

97. 바라지 않음에 대하여

3. 천자문 (97/125)

陳(베풀 진) 根(뿌리 근) 委(맡길 위) 翳(왕성할 예)

나무는 그 뿌리와 열매를 아낌 없이 베풀고

落(떨어질 락) 葉(잎 엽) 飄(나부낄 표) 颻(나부낄 요)

겨울이 오면 낙엽과 함께 사라진다.

진근위예   낙엽표요

陳根委翳 이고   落葉飄颻 이라.

바라지 않고 베풀면 그는 영원히 사라지지 않는다.

[한자 세 번, 뜻 한 번을 쓰시오]

서광 (니체)

프리드리히 빌헬름 니체(1844~1900년)는 독일의 문헌학자이자 철학자이다. 서구의 오랜 전통을 깨고 새로운 가치를 세우고자 했기 때문에 '망치를 든 철학자'라는 별명이 있다. 그는 그리스도교 도덕과 합리주의의 기원을 밝히는 작업에 깊이 매진하였고, 이성적인 것들은 실제로는 비이성과 광기로부터 기원했다고 주장했다.

관념론과 기독교는, 세계를 두 개로 구분짓는다. 이를테면 기독교는 이승 이외에도 하늘나라가 있다고 가르친다. 또한 플라톤은 세계를 현상계와 이데아계로 이분한다. 니체는 이러한 구분에 반대하며 '대지에서의 삶을 사랑할 것'을 주창하였다. 또한 현실에서의 삶을 비방하는 자들을 가리켜 퇴락한 인간이라 부르며 비판하였다. 이렇듯, '영원한 세계'나 '절대적 가치'를 인정하지 않는다는 점에서 니체는 관념론적 형이상학에 반대한다. 즉, 기독교에서 말하는 '하나님의 왕국' 혹은 칸트가 말하는 '목적의 왕국' 등에 반대하는 것인데, 특이하게도 부르주아 민주주의를 기독교의 아류로 보고 비판하기도 했다.

97. 바라지 않음에 대하여

4. 독서 노트 (97)

['서광'에 흐르는 정신(교훈)에 대하여]

1. 저자
   : 니체

2. 도서
   : 서광

3. 독서노트
   (1) 중요하게 생각하는 열 가지 이야기를 기술하시오. (각 100자)
   (2) 정리한 열 가지 이야기에 흐르는 정신(교훈)을 네 가지로 나누고, 각 이야기를 인용하면서 '서광'에 흐르는 네 가지 정신(교훈)에 대하여 설명하시오. (각 300자)

4. 기간
   : 2주

독서노트

(1) 중요하게 생각하는 열 가지 이야기를 기술하시오. (각 100자)

1.

2.

200자

3.

4.

400자

5.

600자

97. 바라지 않음에 대하여

독서노트

(1) 중요하게 생각하는 열 가지 이야기를 기술하시오. (각 100자)

6.

7.

8.

9.

10.

독서노트

(2) 정리한 열 가지 이야기에 흐르는 정신(교훈)을 네 가지로 나누고, 각 이야기를 인용하면서 '서광'에 흐르는 네 가지 정신(교훈)에 대하여 설명하시오. (각 300자)

1.

200자

2.

400자

600자

독서노트

(2) 정리한 열 가지 이야기에 흐르는 정신(교훈)을 네 가지로 나누고, 각 이야기를 인용하면서 '서광'에 흐르는 네 가지 정신(교훈)에 대하여 설명하시오. (각 300자)

3.

4.

Summary

1. 나에 대하여

: 내가 무언가 바라고 했던 일에 대하여 구체적으로 기술해 보시오.

2. 창의적 글쓰기

: 우화/동화/시

3. 천자문

4. 독서 노트

: 서광 (니체)

바라지 않음에 대하여

✱ 97. 바라지 않음에 대하여 자신의 생각을 종합하시오.

98. 어리석음에 대하여

어리석음을 판단하는 자는 누구인가?
신이 판단한다면 우리 모두 어리석지 않은가!

98. 어리석음에 대하여

*

*

1. 나에 대하여

문제 내가 어리석지 않음을 증명해 보시오. (400자)

200자

400자

98. 어리석음에 대하여

2. 창의적 글쓰기: 우화/동화/시

91

어리석음

'현명치 않은 삶의 자유로움'이

눈물 나도록 그리울 때가

그리 멀지 않다.

2. 창의적 글쓰기: 우화/동화/시

내용 1 '현명하지 않은 삶의 자유로움'에 관한 경험을 기술하시오. (300자)
내용 2 우리 사회를 비판하고 대안을 제시하시오. (300자)

200자

400자

600자

98. 어리석음에 대하여

2. 창의적 글쓰기: 우화/동화/시

92

무향

너무 향기로운 물은

향수로밖에 쓸 일이 없다.

2. 창의적 글쓰기: 우화/동화/시

내용 1 자신의 자랑할만한 향기로운 특성에 대하여 기술하시오. (300자)
내용 2 우리 사회를 비판하고 대안을 제시하시오. (300자)

200자

400자

600자

2. 창의적 글쓰기: 우화/동화/시

93

오감

그림 아무리 봐도 소용없다.

산속을 거닐어야

산을 느낄 수 있다.

2. 창의적 글쓰기: 우화/동화/시

내용 1 지금 이 순간 느끼고 있는 것 20가지를 기술하시오. (300자)
내용 2 우리 사회를 비판하고 대안을 제시하시오. (300자)

200자

400자

600자

98. 어리석음에 대하여

2. 창의적 글쓰기: 우화/동화/시

94

고개 숙임

지혜의 정원에 가고 싶은가?

고개 숙여 '겸손의 문'을 지나는 수고를 하면

연녹색의 눈부신 정원이 펼쳐져 있을 것이다.

그 문을 지나는 자가 별로 없긴 하지만.

2. 창의적 글쓰기: 우화/동화/시

내용 1 자신이 겸손한지에 대하여 논증하시오. (300자)
내용 2 우리 사회를 비판하고 대안을 제시하시오. (300자)

200자

400자

600자

98. 어리석음에 대하여

2. 창의적 글쓰기: 우화/동화/시

95
깊음

진리는 최대 다수에게 최대 자유를 부여한다.

철학을 몰라도 그런 삶을 산다면

그는 위대한 철학자이다.

진리를 알고 행하나 모르고 행하나

결과는 그렇게 다르지 않다.

행복을 위해 살면 고달프고

행복하게 살면 행복하다.

2. 창의적 글쓰기: 우화/동화/시

내용 1 자신의 마음 깊이에 관하여 논증하시오. (300자)
내용 2 우리 사회를 비판하고 대안을 제시하시오. (300자)

200자

400자

600자

2. 창의적 글쓰기: 우화/동화/시

96

탓하지 않음

아주 특별한 경우를 제외하고는

우리가 그들을 악하게 한 것이며

우리가 그들을 선하게 한 것이다.

2. 창의적 글쓰기: 우화/동화/시

내용 1　타인을 탓한 경험 두 가지를 기술하시오.. (300자)
내용 2　우리 사회를 비판하고 대안을 제시하시오. (300자)

2. 창의적 글쓰기: 우화/동화/시

97

사람을 움직임

생각은 잊혀지고 행동은 영원하다.

생각은 머뭇거리고 행동은 결정한다,

생각은 나를 움직이고 행동은 사람을 움직인다.

2. 창의적 글쓰기: 우화/동화/시

내용 1 나는 생각이 앞서는 사람인지 행동이 앞서는 사람인지 논증하시오. (300자)
내용 2 우리 사회를 비판하고 대안을 제시하시오. (300자)

98. 어리석음에 대하여

2. 창의적 글쓰기: 우화/동화/시

98

나를 봄

내가 나를 보지 못하는 이유는

다른 이들을 보느라

나를 볼 시간이 없기 때문이다.

2. 창의적 글쓰기: 우화/동화/시

내용 1 나는 타인을 더 고려하는지 자신을 더 고려하는지 논증하시오. (300자)
내용 2 우리 사회를 비판하고 대안을 제시하시오. (300자)

2. 창의적 글쓰기: 우화/동화/시

99

옅게 화장함

내가 나를 보지 못 하는 이유는

다른 이들에게 잘 보이려

나를 너무 치장하기 때문이다.

화장이 너무 두껍다.

2. 창의적 글쓰기: 우화/동화/시

내용 1 내 화장의 두께는 어떤 정도인지 논술하시오. (300자)
내용 2 우리 사회를 비판하고 대안을 제시하시오. (300자)

200자

400자

600자

98. 어리석음에 대하여

2. 창의적 글쓰기: 우화/동화/시

100

다투지 않음

다툼은 상대에 기인하는 것이 아니다.

모르는 척할 뿐이지

알고 있지 않은가?

2. 창의적 글쓰기: 우화/동화/시

내용 1 상대로 인한 다툼과 나로 인한 다툼의 경험을 한 가지씩 기술하시오. (300자)
내용 2 우리 사회를 비판하고 대안을 제시하시오. (300자)

200자

400자

600자

98. 어리석음에 대하여

3. 천자문 (98/125)

游(놀 유) 鵾(곤새 곤) 獨(홀로 독) 運(운전 운)
곤새가 홀로 날면서 노닐지만

凌(건널 릉) 摩(접근할 마) 絳(붉을 강) 霄(하늘 소)
붉은 하늘을 건너가고 있다.

유곤독운   능마강소

游鵾獨運 이고   凌摩絳霄 라.

곤새는 어리석어 보이지만 큰 뜻을 품고 있음을 잊지 말아야 한다.

[한자 세 번, 뜻 한 번을 쓰시오]

4. 인문고전 추천 98

금강경 (석가모니)

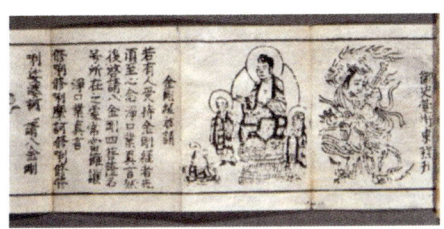

《금강반야바라밀경》(金剛般若波羅蜜經)은 한국의 대표 불교 종단인 조계종의 기본 경전이다. 줄여서 금강경 또는 금강반야경이라고도 부른다. 석가모니에 의해 설해진, 공사상이 깊이 있게 다루어진 대승불교의 대표경전이다. 402년 중국의 구마라집(鳩摩羅什)에 의해 한자로 번역되었다. 그 후에도 여러 차례 번역되었으나, 현재 유행하는 금강경은 구마라집본이다. 조계종 뿐 아니라 많은 선종 계통의 종단은 금강경을 기본 경전으로 삼고 있다.

석가모니가 사위국의 기수급고독원에서 제자인 수보리와 문답 형식의 대화를 주고받는 것으로 되어있다. 석가모니는 수보리의 질문에 답하여 보살이 마땅히 이루어야 할 것에 대해 답하고 여러 가지 예를 들어 세상이 공(空)임을 설명한다.

98. 어리석음에 대하여

4. 독서 노트 (98)

['금강경'에 흐르는 정신(교훈)에 대하여]

1. 저자
 : 석가모니

2. 도서
 : 금강경

3. 독서노트
 (1) 중요하게 생각하는 열 가지 이야기를 기술하시오. (각 100자)
 (2) 정리한 열 가지 이야기에 흐르는 정신(교훈)을 네 가지로 나누고, 각 이야기를 인용하면서 '금강경'에 흐르는 네 가지 정신(교훈)에 대하여 설명하시오. (각 300자)

4. 기간
 : 2주

독서노트

(1) 중요하게 생각하는 열 가지 이야기를 기술하시오. (각 100자)

1.

2.

200자

3.

4.

400자

5.

600자

독서노트

(1) 중요하게 생각하는 열 가지 이야기를 기술하시오. (각 100자)

6.

7.

8.

9.

10.

독서노트

(2) 정리한 열 가지 이야기에 흐르는 정신(교훈)을 네 가지로 나누고, 각 이야기를 인용하면서 '금강경'에 흐르는 네 가지 정신(교훈)에 대하여 설명하시오. (각 300자)

1.

200자

2.

400자

600자

98. 어리석음에 대하여

독서노트

(2) 정리한 열 가지 이야기에 흐르는 정신(교훈)을 네 가지로 나누고, 각 이야기를 인용하면서 '금강경'에 흐르는 네 가지 정신(교훈)에 대하여 설명하시오. (각 300자)

3.

4.

Summary

1. 나에 대하여

: 내가 어리석지 않음을 증명해 보시오.

2. 창의적 글쓰기

: 우화/동화/시

3. 천자문

4. 독서 노트

: 금강경 (석가모니)

어리석음에 대하여

✱ 98. 어리석음에 대하여 자신의 생각을 종합하시오.

99. 우월함에 대하여

나는 어느 정도의 높이에 위치하고 어느 정도의 높이를 목표로 하는가?

99. 우월함에 대하여

1. 나에 대하여

문제 내가 다른 사람들보다 우월한 것 하나를 그 이유와 함께 구체적으로 기술하시오. (400자)

200자

400자

99. 우월함에 대하여

2. 창의적 글쓰기: 우화/동화/시

101

낮은 곳에 위치함

자신이 사람들보다 우월해 보이면

행복과 멀어진 것이다.

행복은 가장 낮은 곳에 있기 때문이다.

2. 창의적 글쓰기: 우화/동화/시

내용 1 자신이 우월감을 느낄 때 드는 감정 세 가지와 그 이유를 기술하시오. (300자)
내용 2 우리 사회를 비판하고 대안을 제시하시오. (300자)

200자

400자

600자

99. 우월함에 대하여

2. 창의적 글쓰기: 우화/동화/시

102

불평하지 않음

내가 변해 놓고 상대가 변했다고 불평한다.

변하지 않을 수 있다면 시간마저 멈출 것이다.

우리는 항상 변화한다. 마치 저 산처럼.

2. 창의적 글쓰기: 우화/동화/시

내용 1 자신의 변화된 모습 세 가지에 대하여 기술하시오. (300자)
내용 2 우리 사회를 비판하고 대안을 제시하시오. (300자)

99. 우월함에 대하여

2. 창의적 글쓰기: 우화/동화/시

103
너그러움

너그러운 자는 만나기 어렵다.

혹시 그런 이를 만나면 놓치지 말 일이다.

너그러워지면 오래지 않아 숨어 있던 행복이 나타난다.

2. 창의적 글쓰기: 우화/동화/시

내용 1 자신의 너그러운 모습 세 가지를 기술하시오. (300자)
내용 2 우리 사회를 비판하고 대안을 제시하시오. (300자)

200자

400자

600자

99. 우월함에 대하여

2. 창의적 글쓰기: 우화/동화/시

104

자유를 줌

내 주위 열 사람만 자유로우면

이 세상 모두가 자유롭다.

행복은 그들 뒤에 숨어 있다.

2. 창의적 글쓰기: 우화/동화/시

내용 1 자신의 주위 세 사람과 그들이 바라는 것을 기술하시오. (300자)
내용 2 우리 사회를 비판하고 대안을 제시하시오. (300자)

200자

400자

600자

99. 우월함에 대하여

2. 창의적 글쓰기: 우화/동화/시

105

달을 봄

연못을 비추는 달을 잡으려고

뛰어들지는 말라.

달은 보는 것이지 손에 쥐는 것이 아니다.

2. 창의적 글쓰기: 우화/동화/시

내용 1 자신이 손에 쥐었다고 생각하는 행복과 진리를 기술하시오. (300자)
내용 2 우리 사회를 비판하고 대안을 제시하시오. (300자)

200자

400자

600자

99. 우월함에 대하여

2. 창의적 글쓰기: 우화/동화/시

106

강함

자신을 강하다고 생각하는가?

악(惡)해지지는 말라.

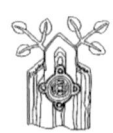

2. 창의적 글쓰기: 우화/동화/시

내용 1 자신 또는 타인의 '강함과 악함의 공존' 경험을 기술하시오. (300자)
내용 2 우리 사회를 비판하고 대안을 제시하시오. (300자)

200자

400자

600자

99. 우월함에 대하여

2. 창의적 글쓰기: 우화/동화/시

107

눈을 뜸

누군가 인도해 주기를 바라는 것은

눈을 감고 있겠다는 것이다.

눈을 감고서는 자유로울 수 없다.

2. 창의적 글쓰기: 우화/동화/시

내용 1 자신이 누군가에게 의존하고 있는 것, 세 가지를 기술하시오. (300자)
내용 2 우리 사회를 비판하고 대안을 제시하시오. (300자)

200자

400자

600자

99. 우월함에 대하여

2. 창의적 글쓰기: 우화/동화/시

108

독립

신에 의지하지 말고

신이 당신을 따르도록 하라.

그것이 신이 바라는 바이다.

2. 창의적 글쓰기: 우화/동화/시

내용 1 신에게 의지하는 것 세 가지, 의지하지 않는 것 세 가지를 기술하시오. (300자)
내용 2 우리 사회를 비판하고 대안을 제시하시오. (300자)

200자

400자

600자

99. 우월함에 대하여

2. 창의적 글쓰기: 우화/동화/시

109

멀리 봄

물은 끊임없이 낮은 곳을 향한다.

그렇다고 바다가 목적지라고 생각하면 곤란하다.

눈앞의 목적은 행복을 망가뜨린다.

2. 창의적 글쓰기: 우화/동화/시

내용 1 자신의 목적지가 어디인지 기술하시오. (300자)
내용 2 우리 사회를 비판하고 대안을 제시하시오. (300자)

99. 우월함에 대하여

2. 창의적 글쓰기: 우화/동화/시

110

나를 바꿈

세상을 바꾸는 것은 불가능하다.

그런데 나를 바꾸면

세상은 새벽 아침과 함께 어느새 바뀌어 있다.

2. 창의적 글쓰기: 우화/동화/시

내용 1 자신이 세상을, 타자를 바꾸려 했던 경험을 기술하시오. (300자)
내용 2 우리 사회를 비판하고 대안을 제시하시오. (300자)

200자

400자

600자

99. 우월함에 대하여

3. 천자문 (99/125)

耽(즐길 탐) 讀(읽을 독) 翫(놀 완) 市(도시 시)
독서를 즐겨 어디에서든 탐독하고

寓(붙일 우) 目(눈 목) 囊(주머니 낭) 箱(상자 상)
책에서 눈을 떼지 말고 글을 주머니나 상자에 둠과 같이 하라.

탐독완시   우목낭상

耽讀翫市 이고   寓目囊箱 이라.

책은 자신의 겸손을 지키는 가장 좋은 방법이다.

[한자 세 번, 뜻 한 번을 쓰시오]

4. 인문고전 추천 99

대학 (증자)

《대학》의 원작자에 대해서는 정설이 없는데, 주희는 경문 1장을 증자가 지었고, 전문 10장을 증자의 문인이 해설했다고 주장하였다.

《대학》은 자기 수양을 완성하고 사회 질서를 이루는 과정을 일목요연하게 이론적으로 보여 주고 있다. '대학'(大學)이라는 의미는 통치자의 학문이라는 설과 인격자의 학문이라는 설로 나눌 수 있다. 주자는 《대학》이 소학(小學)을 마치고 태학(太學)에 입하하여 처음 배우는 개설서라고 했는데, 오늘날 대학교의 기본 교양 교재와 같은 성격이라고 말할 수 있다.

《대학》은 유가 사상의 주요 사상을 체계적으로 설명하고 있다. 그 내용을 요약하면 수기치인(修己治人), 곧 자신을 수양한 후에 백성을 다스리라는 것이다. 즉 사회의 지도자는 먼저 자기 자신을 수양하고 책임과 의무를 다한 후에 이를 주변 사회로 넓혀 나가야 한다는 것이다. 이러한 내용을 삼강령과 팔조목에 담아 내었다.

99. 우월함에 대하여

4. 독서 노트 (99)

['대학'에 흐르는 정신(교훈)에 대하여]

1. 저자
   : 증자

2. 도서
   : 대학

3. 독서노트
   (1) 중요하게 생각하는 열 가지 이야기를 기술하시오. (각 100자)
   (2) 정리한 열 가지 이야기에 흐르는 정신(교훈)을 네 가지로 나누고, 각 이야기를 인용하면서 '대학'에 흐르는 네 가지 정신(교훈)에 대하여 설명하시오. (각 300자)

4. 기간
   : 2주

독서노트

(1) 중요하게 생각하는 열 가지 이야기를 기술하시오. (각 100자)

1.

2.

200자

3.

4.

400자

5.

600자

독서노트

(1) 중요하게 생각하는 열 가지 이야기를 기술하시오. (각 100자)

6.

7.

8.

9.

10.

독서노트

(2) 정리한 열 가지 이야기에 흐르는 정신(교훈)을 네 가지로 나누고, 각 이야기를 인용하면서 '대학'에 흐르는 네 가지 정신(교훈)에 대하여 설명하시오. (각 300자)

1.

200자

2.

400자

600자

99. 우월함에 대하여

독서노트

(2) 정리한 열 가지 이야기에 흐르는 정신(교훈)을 네 가지로 나누고, 각 이야기를 인용하면서 '대학'에 흐르는 네 가지 정신(교훈)에 대하여 설명하시오. (각 300자)

3.

4.

Summary

1. 나에 대하여

: 내가 다른 사람들보다 우월한 것 하나를 그 이유와 함께 구체적으로 기술하시오.

2. 창의적 글쓰기

: 우화/동화/시

3. 천자문

4. 독서 노트

: 대학 (증자)

우월함에 대하여

✱ 99. 우월함에 대하여 자신의 생각을 종합하시오.

100. 무아(無我)에 대하여

무아란 무엇인가? 그것이 가능한 일인가?

100. 무아(無我)에 대하여

*

*

1. 나에 대하여

문제 무아를 느꼈던 경험을 구체적으로 기술하시오. (400자)

200자

400자

2. 창의적 글쓰기: 우화/동화/시

111
무아

행복을 찾아 나에게 좋은 것을 염두에 둔다면

빨리 그만두는 것이 좋다.

점점 더 멀어질 것이다.

2. 창의적 글쓰기: 우화/동화/시

내용 1 행복하게 되었을 때 나에게 좋은 것 세 가지를 구체적으로 기술하시오. (300자)
내용 2 우리 사회를 비판하고 대안을 제시하시오. (300자)

200자

400자

600자

2. 창의적 글쓰기: 우화/동화/시

112

개별 의지

행복은 매우 개별적이다.

그것은 사람 수 만큼 존재하는데

사람으로부터 출발하기 때문이다.

2. 창의적 글쓰기: 우화/동화/시

내용 1 다른 사람과 다른 나만의 독특한 행복을 기술하시오. (300자)
내용 2 우리 사회를 비판하고 대안을 제시하시오. (300자)

200자

400자

600자

100. 무아(無我)에 대하여

2. 창의적 글쓰기: 우화/동화/시

113

소탈함

소박한 곡식이 창고 가득 있는데 맛있는 것을 찾아 나선다.

기름진 것을 찾아 헤매다

결국 소박한 음식을 다시 찾는다.

행복은 소박함이다.

2. 창의적 글쓰기: 우화/동화/시

내용 1 내가 찾고 있는 소박한 것, 기름진 것을 세 가지씩 기술하시오. (300자)
내용 2 우리 사회를 비판하고 대안을 제시하시오. (300자)

200자

400자

600자

100. 무아(無我)에 대하여

2. 창의적 글쓰기: 우화/동화/시

114

다르지 않음

당신이 찾는 행복과 내가 찾는 행복이

다르지 않다는 것을 알 수 있다면

절대 서로 다투지 않을 것이다.

2. 창의적 글쓰기: 우화/동화/시

내용 1 내가 타인과 다투는 이유를 기술하시오. (300자)
내용 2 우리 사회를 비판하고 대안을 제시하시오. (300자)

200자

400자

600자

100. 무아(無我)에 대하여

2. 창의적 글쓰기: 우화/동화/시

115

동질감

황폐함과 충만함은

자신과 타인을 얼마나 구분하는지에 달려 있다.

구분하면 서로 가시요

아니면 함께 열매이다.

2. 창의적 글쓰기: 우화/동화/시

내용 1 자신이 타인과 다른 점과 같은 점을 세 가지씩 기술하시오. (300자)
내용 2 우리 사회를 비판하고 대안을 제시하시오. (300자)

100. 무아(無我)에 대하여

2. 창의적 글쓰기: 우화/동화/시

116

멈추지 않음

아무 일도 하지 않는 것은

휴식이 아니라 죽음이다.

굳이 죽음을 목표로 할 건 없다.

일은 행복의 조건이다.

2. 창의적 글쓰기: 우화/동화/시

내용 1 일에 대한 자신의 생각을 기술하시오. (300자)
내용 2 우리 사회를 비판하고 대안을 제시하시오. (300자)

200자

400자

600자

100. 무아(無我)에 대하여

2. 창의적 글쓰기: 우화/동화/시

117
선한 강자

진리는 약자 편이지만

먼저 교육받아야 할 자들은 강자이다.

항상 그들이 문제를 일으키기 때문이다.

행복의 방해꾼은 의외로 탁월한 자가 많다.

2. 창의적 글쓰기: 우화/동화/시

내용 1 악한 강자, 선한 약자의 경험을 각각 기술하시오. (300자)
내용 2 우리 사회를 비판하고 대안을 제시하시오. (300자)

200자

400자

600자

100. 무아(無我)에 대하여

2. 창의적 글쓰기: 우화/동화/시

118

행동

행동은 다른 이들뿐 아니라 나 자신도 설득한다.

행동까지 이어지지 않으면

그것은 내가 정말 원하는 것은 아니다.

2. 창의적 글쓰기: 우화/동화/시

내용 1 행동까지 이어지지 않았던 일, 세 가지를 기술하시오. (300자)
내용 2 우리 사회를 비판하고 대안을 제시하시오. (300자)

200자

400자

600자

100. 무아(無我)에 대하여

2. 창의적 글쓰기: 우화/동화/시

119

한가로움

태양이 비추고 있는 늦가을 따뜻한 햇볕 아래

오후 시간의 한가로움은

모든 것을 회복시킨다.

2. 창의적 글쓰기: 우화/동화/시

내용 1 가장 편안하고 한가로울 때가 언제인지 설명하시오. (300자)
내용 2 우리 사회를 비판하고 대안을 제시하시오. (300자)

200자

400자

600자

100. 무아(無我)에 대하여

2. 창의적 글쓰기: 우화/동화/시

120

독창성

흉내 내는 자로부터는

기분 나쁜 음울함이 느껴진다.

함부로 흉내 내어서는 안 된다.

2. 창의적 글쓰기: 우화/동화/시

내용 1 자신이 지금 흉내 내고 있는 것, 세가지를 기술하시오. (300자)
내용 2 우리 사회를 비판하고 대안을 제시하시오. (300자)

200자

400자

600자

100. 무아(無我)에 대하여

3. 천자문 (100/125)

易(쉬울 이) 輶(가벼울 유) 攸(바 유) 畏(두려울 외)
쉽고 가벼움은 군자가 두려워해야 하는 바이니

屬(붙을 속) 耳(귀 이) 垣(담 원) 牆(담 장)
이는 담장에도 귀가 있기 때문이다.

이유유외   속이원장

易輶攸畏 이고   屬耳垣牆 이라.

자신을 쉽게 드러내고 주장함은 신중해야 한다.

[한자 세 번, 뜻 한 번을 쓰시오]

4. 인문고전 추천 100

이솝우화 (이솝)

이솝우화 혹은 아이소피카(Aesopica)는 고대 그리스에 살았던 노예이자 이야기꾼이었던 아이소포스가 지은 우화 모음집을 말한다. 아이소포스는 흔히 이솝으로도 알려져 있다. 이솝우화는 의인화된 동물들이 등장하는 단편이기도 하다.

이솝우화는 친숙한 동물이 나오고 교훈이 들어 있다는 점에서 오늘날 전 세계적으로 어린이 도덕성교육을 위한 인기 교재로 그 자리매김을 하고 있다.

"북풍과 태양" "곰과 나그네" "사자와 쥐" "금도끼 은도끼" "농부와 독사"

"양치기 소년" "토끼와 거북이" "시골쥐와 도시쥐" "개미와 베짱이"

"여우와 두루미" "고양이 목에 방울 달기"

4. 독서 노트 (100)

['이솝우화'에 흐르는 정신(교훈)에 대하여]

1. 저자
 : 이솝

2. 도서
 : 이솝우화

3. 독서노트
 (1) 중요하게 생각하는 열 가지 이야기를 기술하시오. (각 100자)
 (2) 정리한 열 가지 이야기에 흐르는 정신(교훈)을 네 가지로 나누고, 각 이야기를 인용하면서 '이솝우화'에 흐르는 네 가지 정신(교훈)에 대하여 설명하시오. (각 300자)

4. 기간
 : 2주

독서노트

(1) 중요하게 생각하는 열 가지 이야기를 기술하시오. (각 100자)

1.

2.

200자

3.

4.

400자

5.

600자

100. 무아(無我)에 대하여

독서노트

(1) 중요하게 생각하는 열 가지 이야기를 기술하시오. (각 100자)

6.

7.

8.

9.

10.

독서노트

(2) 정리한 열 가지 이야기에 흐르는 정신(교훈)을 네 가지로 나누고, 각 이야기를 인용하면서 '이솝우화'에 흐르는 네 가지 정신(교훈)에 대하여 설명하시오. (각 300자)

1.

200자

2.

400자

600자

독서노트

(2) 정리한 열 가지 이야기에 흐르는 정신(교훈)을 네 가지로 나누고, 각 이야기를 인용하면서 '이솝우화'에 흐르는 네 가지 정신(교훈)에 대하여 설명하시오. (각 300자)

3.

4.

Summary

1. 나에 대하여

   : 무아를 느꼈던 경험을 구체적으로 기술하시오.

2. 창의적 글쓰기

   : 우화/동화/시

3. 천자문

4. 독서 노트

   : 이솝우화 (이솝)

무아에 대하여

✱ 100. 무아에 대하여 자신의 생각을 종합하시오.

101. 감성에 대하여

인간은 이성적인가, 감성적인가?

101. 감성에 대하여

*

*

1. 나에 대하여

문제 나의 이성적인 점과 감성적인 점을 세 가지씩 기술하시오. (400자)

200자

400자

101. 감성에 대하여

2. 창의적 글쓰기: 소설/극본

121
감성

행복이 머무는 곳으로

이성과 감성 중

한 곳만 선택해야 한다면

감성을 선택하는 것이 좋다.

행복은 변화와 우연을 특성으로 하기 때문이다.

2. 창의적 글쓰기: 소설/극본

내용 1 행복을 느끼는 때 세 가지를 구체적으로 기술하고 그것이 이성적인지 감성적인지 기술하시오. (300자)

내용 2 우리 사회를 비판하고 대안을 제시하시오. (300자)

101. 감성에 대하여

2. 창의적 글쓰기: 소설/극본

122

자기 통합

행복은

산과 같아서

정의되어 기술되는 순간

부분적이고 제한적 사실로 전락한다.

아무리 위대한 정신도 그것을 알려줄 수 없는 이유이다.

2. 창의적 글쓰기: 소설/극본

내용 1 책 속 지식이나 지혜로 알게 된 행복에 대해 기술하시오. (300자)
내용 2 우리 사회를 비판하고 대안을 제시하시오. (300자)

101. 감성에 대하여

2. 창의적 글쓰기: 소설/극본

123

매일 아침을 얻음

매일 같은 길을 걸어도

같은 것은 하나도 없다.

어제의 행복은 아무 쓸모 없다.

2. 창의적 글쓰기: 소설/극본

내용 1 자신이 매일 하는 일 세 가지를 쓰고, 같은 점과 다른 점을 기술하시오. (300자)
내용 2 우리 사회를 비판하고 대안을 제시하시오. (300자)

200자

400자

600자

101. 감성에 대하여

2. 창의적 글쓰기: 소설/극본

124

따라 하지 않음

일견 멋있어 보여도

모방은 결국 아류이고 촌스럽다.

못 알아볼 거라는 기대는 하지 말라.

2. 창의적 글쓰기: 소설/극본

내용 1 모방하면 멋있어 보이지 않는 이유를 논술하시오. (300자)
내용 2 우리 사회를 비판하고 대안을 제시하시오. (300자)

200자

400자

600자

101. 감성에 대하여

2. 창의적 글쓰기: 소설/극본

125

정진

배가 고프면 먹어야 한다.

보기만 해서는 소용없다.

행복을 찾아가려면 한 걸음 한 걸음 걸어야 한다.

생각만으로는 도달할 수 없다.

2. 창의적 글쓰기: 소설/극본

내용 1 행복을 위해 지금 실제로 하고 있는 일, 세 가지를 구체적으로 기술하시오. (300자)
내용 2 우리 사회를 비판하고 대안을 제시하시오. (300자)

200자

400자

600자

101. 감성에 대하여

2. 창의적 글쓰기: 소설/극본

126

공평

여름 뜨거운 태양과 겨울 차가운 바람에

당신과 나는 별로 다르지 않다.

당신이 나를 아무리 하찮게 보더라도.

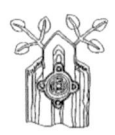

2. 창의적 글쓰기: 소설/극본

내용 1 다른 사람과 내가 다르지 않음을 논증하시오. (300자)
내용 2 우리 사회를 비판하고 대안을 제시하시오. (300자)

200자

400자

600자

101. 감성에 대하여

2. 창의적 글쓰기: 소설/극본

127

선구자

한 선구적 삶이

고요한 침묵 속에서

세상 모든 행동을 바꾼다.

그리고 그것이 세상을 유지케 한다.

2. 창의적 글쓰기: 소설/극본

내용 1   자신이 세상을 선구하고 있는 것을 기술하시오. (300자)
내용 2   우리 사회를 비판하고 대안을 제시하시오. (300자)

101. 감성에 대하여

2. 창의적 글쓰기: 소설/극본

128

행복을 줌

오늘, 주위 사람을 행복하게 하라.

내일은 그들이 나를 행복하게 해줄 것이다.

2. 창의적 글쓰기: 소설/극본

내용 1 다른 사람이 나를 행복하게 해주었던 경험 세 가지를 기술하시오. (300자)
내용 2 우리 사회를 비판하고 대안을 제시하시오. (300자)

200자

400자

600자

101. 감성에 대하여

129

기다림

어둠 속에서 어둠을 피해 달아날 수 없다.

침착히 그리고 조용히

아침을 기다리는 것이 좋다.

2. 창의적 글쓰기: 소설/극본

내용 1 기다림의 효용에 대해 논술하시오. (300자)
내용 2 우리 사회를 비판하고 대안을 제시하시오. (300자)

200자

400자

600자

101. 감성에 대하여

2. 창의적 글쓰기: 소설/극본

130

인지

행복을 찾는다는 것은 태양이 떠오르는 것과 같다.

어둠 속의 것이 드디어 드러난다.

이때, 어둠 속에 없던 것이 새로 생성되는 것은 아니다.

그렇다면 아직 어둠 속에 있다 해도 걱정할 것 없지 않은가?

2. 창의적 글쓰기: 소설/극본

내용 1   자신의 곁에서 지금 숨어 있는 행복, 세가지를 기술하시오. (300자)
내용 2   우리 사회를 비판하고 대안을 제시하시오. (300자)

200자

400자

600자

101. 감성에 대하여

3. 천자문 (101/125)

具(갖출 구) 膳(반찬 선) 飱(밥 손) 飯(밥 반)
소박한 반찬과 밥만 있어도

適(마침 적) 口(입 구) 充(채울 충) 腸(창자 장)
적당히 배를 채우면 그것으로 충분하다.

구선손반   적구충장

具膳飱飯 이고   適口充腸 이라.

마음이 편안하고 즐거우면 다른 무엇이 필요하겠는가?

[한자 세 번, 뜻 한 번을 쓰시오]

걸리버 여행기 (스위프트)

《걸리버 여행기》(Gulliver's Travels)는 영국의 작가 조나단 스위프트의 1726년작 풍자 소설이다.

당시 시대의 상황을 풍자한 소설로, 오랜 시간에 걸쳐 많은 나라에서 동화로 각색되어 아이들을 위해 많이 읽혔다. 주로 동화에서는 3부까지의 여행을 수록하였으며, 4부는 신성 모독 등을 이유로 들어 삭제해왔다.

많은 사람들에게는 1부인 작은 사람들의 나라인 릴리퍼트기행을 걸리버 여행기의 전체 내용인 것처럼 알려져왔다. 소설의 내용을 모델로 각색하여 만들어진 영화 걸리버 여행기가 개봉하였다.

제1부 작은 사람들의 나라 – 릴리퍼트 기행
제2부 큰 사람들의 나라 – 브롭딩낵 기행
제3부 하늘을 나는 나라 – 라퓨타, 발니바르비, 럭낵, 글럽덥그립, 일본 기행
제4부 말들의 나라 – 휴이넘 기행

4. 독서 노트 (101)

['걸리버 여행기'에 흐르는 정신(교훈)에 대하여]

1. 저자
 : 조나단 스위프트

2. 도서
 : 걸리버 여행기

3. 독서노트
 (1) 중요하게 생각하는 열 가지 이야기를 기술하시오. (각 100자)
 (2) 정리한 열 가지 이야기에 흐르는 정신(교훈)을 네 가지로 나누고, 각 이야기를 인용하면서 '걸리버 여행기'에 흐르는 네 가지 정신(교훈)에 대하여 설명하시오. (각 300자)

4. 기간
 : 2주

독서노트

(1) 중요하게 생각하는 열 가지 이야기를 기술하시오. (각 100자)

1.

2.

200자

3.

4.

400자

5.

600자

독서노트

(1) 중요하게 생각하는 열 가지 이야기를 기술하시오. (각 100자)

6.

7.

8.

9.

10.

독서노트

(2) 정리한 열 가지 이야기에 흐르는 정신(교훈)을 네 가지로 나누고, 각 이야기를 인용하면서 '걸리버 여행기'에 흐르는 네 가지 정신(교훈)에 대하여 설명하시오. (각 300자)

1.

200자

2.

400자

600자

101. 감성에 대하여

독서노트

(2) 정리한 열 가지 이야기에 흐르는 정신(교훈)을 네 가지로 나누고, 각 이야기를 인용하면서 '걸리버 여행기'에 흐르는 네 가지 정신(교훈)에 대하여 설명하시오. (각 300자)

3.

4.

Summary

1. 나에 대하여

: 내가 의지(意志)하는 이유와 의지(意志)하지 않는 이유가 무엇인지 기술하시오.

2. 창의적 글쓰기

: 소설/극본

3. 천자문

4. 독서 노트

: 걸리버 여행기 (스위프트)

감성에 대하여

✱ 101. 감성에 대하여 자신의 생각을 종합하시오.

102. 의지에 대하여

나는 도대체 무엇을 원하는가?

102. 의지에 대하여

*

*

1. 나에 대하여

문제　내가 의지(意志)하는 이유와 의지(意志)하지 않는 이유가 무엇인지 기술하시오. (400자)

2. 창의적 글쓰기: 소설/극본

131

의지(意志)

진리와 행복을 찾으려 하면 모든 것이 도와줄 것이다.

그런데도 찾지 못하는 이유는

사실은 찾으려 하지 않기 때문이다.

2. 창의적 글쓰기: 소설/극본

내용 1 의지했지만 결국 실패한 것, 두 가지를 설명하시오. (300자)
내용 2 우리 사회를 비판하고 대안을 제시하시오. (300자)

102. 의지에 대하여

2. 창의적 글쓰기: 소설/극본

132

숭고함

숭고한 자를 모방하는 것과

숭고한 자가 되는 것은 다른 일이다.

모방하지 말라.

그것이 신이라 하더라도.

2. 창의적 글쓰기: 소설/극본

내용 1 좋은 사람이 되려고 모방한 것과 내가 그렇게 된 것을 한 가지씩 기술하시오. (300자)
내용 2 우리 사회를 비판하고 대안을 제시하시오. (300자)

200자

400자

600자

2. 창의적 글쓰기: 소설/극본

133

감내

행복에 가까울수록 동요와 의심은 커진다.

태양에 가까울수록 뜨거워지는 것과 같다.

고난의 시기가 커지면 행복이 가깝다.

2. 창의적 글쓰기: 소설/극본

내용 1 현재 가장 힘든 일, 세 가지를 기술하시오. (300자)
내용 2 우리 사회를 비판하고 대안을 제시하시오. (300자)

200자

400자

600자

2. 창의적 글쓰기: 소설/극본

134

회귀 인식

아주 어리석지만 않다면
추운 겨울을 견딘 자는
계절의 변화를 이해한다.

2. 창의적 글쓰기: 소설/극본

내용 1 자신이 아직 잘 모르는 것, 잘 이해하는 것, 하나씩을 기술하시오. (300자)
내용 2 우리 사회를 비판하고 대안을 제시하시오. (300자)

200자

400자

600자

102. 의지에 대하여

2. 창의적 글쓰기: 소설/극본

135
구별

한가로움과 여유로움과 나태함

이것을 구분할 수 있으면

나태함은 별문제 될 것 없다.

한가함은 일이 적어서, 여유는 일이 있어도, 나태는 일해야 해도

그러한 것이다.

나태를 변명 말라. 해야 할 것은 해야 한다.

2. 창의적 글쓰기: 소설/극본

내용 1   자신의 한가로움, 여유로움, 나태함에 대하여 기술하시오. (300자)
내용 2   우리 사회를 비판하고 대안을 제시하시오. (300자)

2. 창의적 글쓰기: 소설/극본

136

방향

죽음으로부터 도망가려는데 그를 향해 가고 있고

행복을 향해 가려는데 그로부터 도망가고 있다.

반대로 가면서 오히려 투덜거린다.

그것이 어디 있는지 잘 모르기 때문이다.

무조건 가는 것은 현명하지 않다.

방향을 알려주는 교육자가 필요한 이유이다.

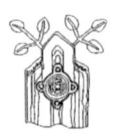

2. 창의적 글쓰기: 소설/극본

내용 1 자기 삶의 방향이 틀리지 않음을 논증하시오. (300자)
내용 2 우리 사회를 비판하고 대안을 제시하시오. (300자)

200자

400자

600자

102. 의지에 대하여

2. 창의적 글쓰기: 소설/극본

137

평가

사람들이 혼란스러운 이유는

무지한 자들이

자꾸 삶을 이끌어가기 때문이다.

2. 창의적 글쓰기: 소설/극본

내용 1 어리석고 무지한 자의 예를 한 가지, 기술하시오. (300자)
내용 2 우리 사회를 비판하고 대안을 제시하시오. (300자)

2. 창의적 글쓰기: 소설/극본

138

멈춤

더 풍요롭고 편리한 세상을 위한 전진은

이제 멈추는 것이 좋다.

행복은 그것을 원하지 않는다.

그것을 원하는 자는 어리석은 자본가뿐이다.

2. 창의적 글쓰기: 소설/극본

내용 1 풍요롭고 편리함을 추구하는 자신의 모습, 세 가지를 기술하고 문제점을 도출하시오. (300자)
내용 2 우리 사회를 비판하고 대안을 제시하시오. (300자)

2. 창의적 글쓰기: 소설/극본

139

순서

있는 것을 우선 보고

그 다음, 없는 것을 본다.

이 순서만 지켜도 세상은 꽤 살 만하다.

2. 창의적 글쓰기: 소설/극본

내용 1   자신이 가진 것 다섯 가지, 가지지 못 한 것 다섯 가지를 기술하시오. (300자)
내용 2   우리 사회를 비판하고 대안을 제시하시오. (300자)

200자

400자

600자

2. 창의적 글쓰기: 소설/극본

140

서두르지 않음

서두르지만 않는다면

조금 부족한 삶도 나쁘지만은 않다.

눈앞의 광경이 따분하지 않기 때문이다.

어차피 목적지는 예외 없이 동일하다.

2. 창의적 글쓰기: 소설/극본

내용 1 지금 서두르고 있는 것 세 가지를 그 이유와 함께 기술하시오. (300자)
내용 2 우리 사회를 비판하고 대안을 제시하시오. (300자)

200자

400자

600자

102. 의지에 대하여

3. 천자문 (102/125)

飽(배부를 포) 飫(배부를 어) 烹(죽일 팽) 宰(요리사 재)

배부를 때에는 좋은 음식도 그 맛을 모르고

饑(주릴 기) 厭(좋을 엽) 糟(곡식 조) 糠(겨 강)

배가 고플 때에는 겨와 조도 맛있다.

포어팽재   기엽조강

飽飫烹宰 이고   饑厭糟糠 이라.

모든 일은 배고픈 의지가 좌우한다.

[한자 세 번, 뜻 한 번을 쓰시오]

4. 인문고전 추천 102

키다리 아저씨 (진 웹스터)

《키다리 아저씨》 (영어 원제: Daddy-Long-Legs)는 미국의 여류 소설가 진 웹스터가 1912년에 발표한 소설이다. '제루샤 "주디" 애버트'라고 이름 지어진 주인공 여대생의 이야기를 따라 전개되며, 주디가 "키다리 아저씨"라고 부르는 그녀의 후원자에게 대학교 생활에 대해 편지를 쓰는 형식으로 구성되어 있다.

존 그리어 고아원(John Grier Home)에서 부모없이 지내던 제루샤 애벗(Jerusha Abbott)은 매달 후원자에게 후원자의 안부를 묻는 편지를 보내는 조건으로 익명의 후원자로부터 대학교 진학 후원을 받게 된다. 후원자의 이름과 얼굴을 모르는 애벗은 현관에서 본 그의 기다란 그림자를 보고 "키다리 아저씨"라는 이름을 붙여주었다.

한낮 고아 소녀에 불과했던 애벗은 대학교에 진학한 뒤에 자신의 애칭을 '주디'(Judy)로 개명했다. 주디는 키다리 아저씨에게 편지를 보내면서 자신을 위로했고 방 친구들과 함께 즐거운 대학교 생활을 보내게 된다. 또한 주디는 같은 방 친구였던 줄리아 러틀리지 펜들턴(Julia Rutledge Pendleton)의 삼촌인 저비스(Jervis)를 만나게 된다.

102. 의지에 대하여

4. 독서 노트 (102)

['키다리 아저씨'에 흐르는 정신(교훈)에 대하여]

1. 저자
 : 진 웹스터

2. 도서
 : 키다리 아저씨

3. 독서노트
 (1) 중요하게 생각하는 열 가지 이야기를 기술하시오. (각 100자)
 (2) 정리한 열 가지 이야기에 흐르는 정신(교훈)을 네 가지로 나누고, 각 이야기를 인용하면서 '키다리 아저씨'에 흐르는 네 가지 정신(교훈)에 대하여 설명하시오. (각 300자)

4. 기간
 : 2주

독서노트

(1) 중요하게 생각하는 열 가지 이야기를 기술하시오. (각 100자)

1.

2.

200자

3.

4.

400자

5.

600자

독서노트

(1) 중요하게 생각하는 열 가지 이야기를 기술하시오. (각 100자)

6.

7.

8.

9.

10.

독서노트

(2) 정리한 열 가지 이야기에 흐르는 정신(교훈)을 네 가지로 나누고, 각 이야기를 인용하면서 '키다리 아저씨'에 흐르는 네 가지 정신(교훈)에 대하여 설명하시오. (각 300자)

1.

200자

2.

400자

600자

독서노트

(2) 정리한 열 가지 이야기에 흐르는 정신(교훈)을 네 가지로 나누고, 각 이야기를 인용하면서 '키다리 아저씨'에 흐르는 네 가지 정신(교훈)에 대하여 설명하시오. (각 300자)

3.

4.

Summary

1. 나에 대하여

: 나의 이성적인 점과 감성적인 점을 세 가지씩 기술하시오.

2. 창의적 글쓰기

: 소설/극본

3. 천자문

4. 독서 노트

: 키다리 아저씨 (웹스터)

의지에 대하여

✱ 102. 의지에 대하여 자신의 생각을 종합하시오.

103. 거짓에 대하여

거짓은 어디까지 용인되는가?

103. 거짓에 대하여

*

*

1. 나에 대하여

문제 현재 나의 거짓된 모습, 세 가지를 기술하시오. (400자)

200자

400자

103. 거짓에 대하여

2. 창의적 글쓰기: 소설/극본

141

드러냄

우리는 가장하지 않는 것이 좋다.

처음은 사람들의 호감을 얻을 수 있으나

두 번째는 조롱거리로 전락한다.

2. 창의적 글쓰기: 소설/극본

내용 1   내가 가장하고 있는 것, 세 가지를 자세히 설명하시오. (300자)
내용 2   우리 사회를 비판하고 대안을 제시하시오. (300자)

103. 거짓에 대하여

2. 창의적 글쓰기: 소설/극본

142

판단

가짜 진리로는 행복에 다가서지 못한다.
위장된 진리를 구분하는 방법은
단지 세 사람의 동의를 구해 보면 된다.

2. 창의적 글쓰기: 소설/극본

내용 1 세 사람 이상의 동의를 구했던 자신의 생각 두 가지를 기술하시오. (300자)
내용 2 우리 사회를 비판하고 대안을 제시하시오. (300자)

200자

400자

600자

103. 거짓에 대하여

2. 창의적 글쓰기: 소설/극본

143

시인

행복을 가지기 위한 첫 번째 단계는

자신이 가지지 못한 것에 대한 솔직하고 담대한 인정이다.

그럼 자기가 가진 것들이 모습을 드러낸다.

2. 창의적 글쓰기: 소설/극본

내용 1 내가 가지지 못한 것, 다섯 가지를 기술하시오. (300자)
내용 2 우리 사회를 비판하고 대안을 제시하시오. (300자)

200자

400자

600자

103. 거짓에 대하여

2. 창의적 글쓰기: 소설/극본

144

자전거

자전거를 타기 위해서도 시간과 노력이 필요하고
아름다운 피아노곡을 연주하기 위해서도 마찬가지이다.
행복은 말할 것도 없다.

2. 창의적 글쓰기: 소설/극본

내용 1 행복을 위해 희생하고 다쳐가면서 노력, 투쟁하고 있는 일을 자세히 기술하시오. (300자)
내용 2 우리 사회를 비판하고 대안을 제시하시오. (300자)

200자

400자

600자

103. 거짓에 대하여

2. 창의적 글쓰기: 소설/극본

145
믿음

신이 인간을 포함한 모든 것을 창조한 것은 틀림없다.

그러나 그 후 아무것도 하지 않았다.

사람을 믿기 때문이다.

행복쯤 문제없다.

2. 창의적 글쓰기: 소설/극본

내용 1 행복할 수 있다고 확신하고 있는 것에 대하여 자세히 기술하시오. (300자)
내용 2 우리 사회를 비판하고 대안을 제시하시오. (300자)

200자

400자

600자

103. 거짓에 대하여

2. 창의적 글쓰기: 소설/극본

146

신뢰

우리는

아무것도 요구하지 않는 자만 신뢰할 수 있다.

신도 예외는 아니다.

2. 창의적 글쓰기: 소설/극본

내용 1 아무것도 요구하지 않았던 사람과 그 경험 한두 가지를 자세히 기술하시오. (300자)
내용 2 우리 사회를 비판하고 대안을 제시하시오. (300자)

200자

400자

600자

103. 거짓에 대하여

2. 창의적 글쓰기: 소설/극본

147

적은 욕심

신은 두 번 죽었다.

첫 번째는 악한 자 소수에 의해서였고

두 번째는 선한 자 다수에 의해서였다.

사람은 너무 많은 것을 바란다.

2. 창의적 글쓰기: 소설/극본

내용 1 내가 타인에게 너무 많은 것을 요구했던 경험 한두 가지를 기술하시오. (300자)
내용 2 우리 사회를 비판하고 대안을 제시하시오. (300자)

103. 거짓에 대하여

2. 창의적 글쓰기: 소설/극본

148

너그러움

바람이

동쪽으로 불거나 서쪽으로 불거나

우리는 별로 불만이 없다.

작은 것을 웃어넘기면 행복이 바로 눈앞이다.

2. 창의적 글쓰기: 소설/극본

내용 1 자신이 너그러웠던 경험 한두 가지를 자세히 기술하시오. (300자)
내용 2 우리 사회를 비판하고 대안을 제시하시오. (300자)

103. 거짓에 대하여

2. 창의적 글쓰기: 소설/극본

149

이행

꿈속에서는

아무리 먹어도 배부르지 않고

요리책은

아무리 보아도 배부르지 않다,

2. 창의적 글쓰기: 소설/극본

내용 1 자신의 생각 속에 있는 다섯 가지 희망을 자세히 기술하시오. (300자)
내용 2 우리 사회를 비판하고 대안을 제시하시오. (300자)

200자

400자

600자

103. 거짓에 대하여

2. 창의적 글쓰기: 소설/극본

150

겸허

지식 자랑은

스무 살 청년 시절로 충분하다.

그 후 자랑할 것은

아무것도 없다.

행복과 자랑은 먼 친척도 아니다.

2. 창의적 글쓰기: 소설/극본

내용 1 자신의 자랑할 만한 지식, 한두 가지를 자세히 기술하시오. (300자)
내용 2 우리 사회를 비판하고 대안을 제시하시오. (300자)

200자

400자

600자

103. 거짓에 대하여

3. 천자문 (103/125)

親(친할 친) 戚(인척 척) 故(연고 고) 舊(옛 구)
친한 인척과 오랜 친구이니

老(늙을 로) 少(젊을 소) 異(다를 이) 糧(양식 량)
나이가 다르다고 무엇이 다르겠는가?

친척고구　　　노소이양

親戚故舊 이고　　老少異糧 이라.

마음 편하려면 체면, 거짓, 기만, 모두 버려야 한다.

[한자 세 번, 뜻 한 번을 쓰시오]

4. 인문고전 추천 103

제인 에어 (샬럿 브론테)

영국의 소설가 샬럿 브론테의 1847년 소설이다.

아기 때 티푸스로 부모를 잃고 고아가 된 주인공 제인 에어는 삼촌의 가족과 살게 되나, 삼촌의 죽음 이후 숙모인 리드 부인과 외사촌들로부터 학대를 받으며 자란다. 어느 날 제인은 교육 시설 로우드(Lowood School)로 보내져 거기서 인자한 템플 선생님과 헬렌 번즈를 만난다. 헬렌을 통해 처음 인내와 믿음을 알게 되었지만 헬렌은 학교에서 전염병에 걸려 사망한다.

학생으로서 6년간, 교사로서 2년간 로우드에서 보낸 후, 제인은 어린 프랑스 소녀인 아델르 배런즈를 돌보는 손필드의 가정교사로서 고용된다. 그곳의 가주인 로체스터에게 프로포즈를 받지만, 결혼식 중 미친 아내의 존재를 알게된 제인은 충격을 받고, 손필드를 나온다. 길거리에서 헤매다 지쳐 쓰러진 제인은 센트 존 목사의 자매들의 도움으로 그 집에 몸을 의지하게 된다. 얼마 후 존이 제인의 사촌인 것을 알게 된다. 1년 정도 그곳에서 보내며, 센트 존이 결혼을 하고 인도에 함께 가자는 요청에 제인의 마음은 잠시 흔들린다. 그러나, 존의 구혼을 받기 전, 제인은 로체스터가 자신을 부르는 소리를 듣고 로체스터를 찾아 손필드로 돌아간다.

그 후 로체스터를 방문한 제인은 이전 해 가을의 화재로 폐허만 남아 있는 것을 알게 된다. 불을 지른 로체스터 부인이 옥상에서 몸을 던져 죽었다는 말을 듣고, 로체스터는 한 팔과 한쪽 눈을 잃은 것을 알게 된다. 로체스터 자신도 한쪽 팔을 잃고 한쪽 눈의 시력을 잃은 것을 알지만, 로체스터와 결혼할 것을 스스로 맹세한 제인은 그를 떠나지 않고, 두 명은 조용하게 결혼식을 올린다.

4. 독서 노트 (103)

['제인 에어'에 흐르는 정신(교훈)에 대하여]

1. 저자
   : 샬럿 브론테

2. 도서
   : 제인 에어

3. 독서노트
   (1) 중요하게 생각하는 열 가지 이야기를 기술하시오. (각 100자)
   (2) 정리한 열 가지 이야기에 흐르는 정신(교훈)을 네 가지로 나누고, 각 이야기를 인용하면서 '제인 에어'에 흐르는 네 가지 정신(교훈)에 대하여 설명하시오. (각 300자)

4. 기간
   : 2주

독서노트

(1) 중요하게 생각하는 열 가지 이야기를 기술하시오. (각 100자)

1.

2.

200자

3.

4.

400자

5.

600자

독서노트

(1) 중요하게 생각하는 열 가지 이야기를 기술하시오. (각 100자)

6.

7.

8.

9.

10.

독서노트

(2) 정리한 열 가지 이야기에 흐르는 정신(교훈)을 네 가지로 나누고, 각 이야기를 인용하면서 '제인 에어'에 흐르는 네 가지 정신(교훈)에 대하여 설명하시오. (각 300자)

1.

200자

2.

400자

600자

103. 거짓에 대하여

독서노트

(2) 정리한 열 가지 이야기에 흐르는 정신(교훈)을 네 가지로 나누고, 각 이야기를 인용하면서 '제인 에어'에 흐르는 네 가지 정신(교훈)에 대하여 설명하시오. (각 300자)

3.

4.

Summary

1. 나에 대하여

: 현재 나의 거짓된 모습, 세 가지를 기술하시오. (400자)

2. 창의적 글쓰기

: 소설/극본

3. 천자문

4. 독서 노트

: 제인 에어 (샬럿 브론테)

거짓에 대하여

✱ 103. 거짓에 대하여 자신의 생각을 종합하시오.

104. 진리에 대하여

진리란 무엇인가? 다른 말로 표현해 보시오.

104. 진리에 대하여

*

*

1. 나에 대하여

문제 내가 깨달은 것 세 가지를 구체적으로 기술하시오. (400자)

200자

400자

2. 창의적 글쓰기: 소설/극본

151

기세

진리를 안다고 달라질 것은 아무것도 없다.

삶을 두려워하지 않는 것으로

그 가치는 충분하다.

진리를 몰라도 행복하면 두렵지 않다.

행복은 죽음보다 강렬하기 때문이다.

2. 창의적 글쓰기: 소설/극본

내용 1 무엇인가를 알고 나서 두려워하지 않았던 경험을 두 가지 기술하시오. (300자)
내용 2 우리 사회를 비판하고 대안을 제시하시오. (300자)

200자

400자

600자

104. 진리에 대하여

2. 창의적 글쓰기: 소설/극본

152
작은 깨우침

계절을 모르는 자가 겨울을 절망으로 보낼 때

그것을 아는 자는 봄을 준비한다.

2. 창의적 글쓰기: 소설/극본

내용 1 최근 한 달 동안 깨우친 작은 것, 세 가지를 기술하시오. (300자)
내용 2 우리 사회를 비판하고 대안을 제시하시오. (300자)

200자

400자

600자

104. 진리에 대하여

2. 창의적 글쓰기: 소설/극본

153

흘려보냄

계곡의 물은 계속 흘러가는데
산속 계곡은 그대로이다.
진리와 행복도 계곡을 많이 닮았다.

2. 창의적 글쓰기: 소설/극본

내용 1 변한 것 같은데 변하지 않은 것, 세 가지를 기술하시오. (300자)
내용 2 우리 사회를 비판하고 대안을 제시하시오. (300자)

200자

400자

600자

104. 진리에 대하여

2. 창의적 글쓰기: 소설/극본

154

진실

알고 있어도 하지 않음은

모르는 것과 다르지 않으니

행하지도 않으면서 안다고 하는 것은

스스로 거짓말쟁이임을 실토하는 것이다.

2. 창의적 글쓰기: 소설/극본

내용 1 알지만 행하지 않고 있는 것, 세 가지를 기술하시오. (300자)
내용 2 우리 사회를 비판하고 대안을 제시하시오. (300자)

104. 진리에 대하여

2. 창의적 글쓰기: 소설/극본

155

편한 마음

마침내 행복을 발견한 자가

마음 편해지는 것이 아니라

마음 편해지려 노력하는 자가

행복에 다가서는 것이다.

2. 창의적 글쓰기: 소설/극본

내용 1 지금 마음 불편한 것, 세 가지를 기술하시오. (300자)
내용 2 우리 사회를 비판하고 대안을 제시하시오. (300자)

104. 진리에 대하여

2. 창의적 글쓰기: 소설/극본

156

득실

행복을 찾기 위해
행복을 잃어버리지는 않는가.
얻는 것과 잃는 것이 비슷하면
찾지 않는 것이 현명한 일이다.

2. 창의적 글쓰기: 소설/극본

내용 1   행복하기 위해 잃고 있는 것 세 가지를 기술하시오. (300자)
내용 2   우리 사회를 비판하고 대안을 제시하시오. (300자)

104. 진리에 대하여

2. 창의적 글쓰기: 소설/극본

157

욕심 줄이기

사람들이 원하는 '세상의 것'도 구하고

행복도 찾으려 하는 것은

지나친 욕심이다.

2. 창의적 글쓰기: 소설/극본

내용 1 자신이 바라는 세상의 것 두 가지와 자신의 행복 두 가지를 기술하시오. (300자)
내용 2 우리 사회를 비판하고 대안을 제시하시오. (300자)

104. 진리에 대하여

2. 창의적 글쓰기: 소설/극본

158

배움

우리가 알아야 할 것은

사람들보다 뛰어나게 되는 법이 아니라

사람들과 함께 즐거워하는 법이다.

2. 창의적 글쓰기: 소설/극본

내용 1 사람들과 함께 즐거워하는 방법, 세 가지 기술하시오. (300자)
내용 2 우리 사회를 비판하고 대안을 제시하시오. (300자)

200자

400자

600자

104. 진리에 대하여

2. 창의적 글쓰기: 소설/극본

159

앎

알지 못하는 것은

알지 못한다는 것을

알지 못하기 때문이다.

2. 창의적 글쓰기: 소설/극본

내용 1 내가 알고 있다고 생각하는 것 중, 틀릴 수도 있는 것 세 가지를 기술하시오. (300자)
내용 2 우리 사회를 비판하고 대안을 제시하시오. (300자)

200자

400자

600자

104. 진리에 대하여

2. 창의적 글쓰기: 소설/극본

160

걱정하지 않음

우리가 걱정하는 것 대부분은

다른 이들에게 보이는 자신에 대한 것이다.

자기를 별로 걱정해 주지 않는 사람들을 위해서

우리는 항상 걱정이다.

2. 창의적 글쓰기: 소설/극본

내용 1 지금 내가 걱정하고 있는 것, 세 가지를 자세히 기술하시오. (300자)
내용 2 우리 사회를 비판하고 대안을 제시하시오. (300자)

200자

400자

600자

104. 진리에 대하여

3. 천자문 (104/125)

親(처 첩) 御(모실 어) 績(길쌈 적) 紡(길쌈 방)
여자는 안에서 길쌈을 짜고

侍(기를 시) 巾(수건 건) 涌(장막 유) 房(방 방)
방에서 수건으로 아이를 기른다.

첩어적방 　　　　시건유방

親御績紡 이고　　侍巾涌房 이라.

진리는 그냥 있는 그대로의 것이다.

[한자 세 번, 뜻 한 번을 쓰시오]

4. 인문고전 추천 104

로빈슨 크루소 (대니얼 디포)

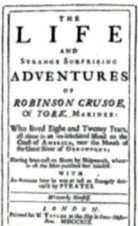

《로빈슨 크루소》는 영국의 작가 대니얼 디포가 1719년에 발표한 장편 소설이자, 그 소설의 주인공 이름이기도 하다. 이 소설은 로빈슨 크루소가 무인도에 표착하는 사건을 다룬 가상의 자서전이다. 원제는 《조난을 당해 모든 선원이 사망하고 자신은 아메리카 대륙 오리노코 강 가까운 무인도 해변에서 28년 동안 홀로 살다가 마침내 기적적으로 해적선에 구출된 요크 출신 뱃사람 로빈슨 크루소가 그려낸 자신의 생애와 기이하고도 놀라운 모험 이야기》

요크 태생의 크루소가 모험 항해를 나서다가 바다에 난파되어 무인도에 표착된다. 무인도에서 혼자의 힘으로 생활을 설계한 다음 탈출할 배를 만든다. 그때 식인종에게 먹힐뻔한 포로 원주민인 Friday(프라이데이)를 구출하여 친구로 만들고, 말을 가르쳐서 무인도에 기착한 영국의 반란선을 진압해 선장을 구출하여 브라질에 있는 자신의 농장을 방문하고 28년 만에 자신의 고국인 영국으로 들어오는 이야기이다.

4. 독서 노트 (104)

['로빈슨 크루소'에 흐르는 정신(교훈)에 대하여]

1. 저자
  : 대니얼 디포

2. 도서
  : 로빈슨 크루소

3. 독서노트
  (1) 중요하게 생각하는 열 가지 이야기를 기술하시오. (각 100자)
  (2) 정리한 열 가지 이야기에 흐르는 정신(교훈)을 네 가지로 나
      누고, 각 이야기를 인용하면서 '로빈슨 크루소'에 흐르는 네 가지
      정신(교훈)에 대하여 설명하시오. (각 300자)

4. 기간
  : 2주

독서노트

(1) 중요하게 생각하는 열 가지 이야기를 기술하시오. (각 100자)

1.

2.

200자

3.

4.

400자

5.

600자

104. 진리에 대하여

독서노트

(1) 중요하게 생각하는 열 가지 이야기를 기술하시오. (각 100자)

6.

7.

8.

9.

10.

독서노트

(2) 정리한 열 가지 이야기에 흐르는 정신(교훈)을 네 가지로 나누고, 각 이야기를 인용하면서 '로빈슨 크루소'에 흐르는 네 가지 정신(교훈)에 대하여 설명하시오. (각 300자)

1.

2.

독서노트

(2) 정리한 열 가지 이야기에 흐르는 정신(교훈)을 네 가지로 나누고, 각 이야기를 인용하면서 '로빈슨 크루소'에 흐르는 네 가지 정신(교훈)에 대하여 설명하시오. (각 300자)

3.

4.

Summary

1. 나에 대하여
　: 내가 깨달은 것 세 가지를 구체적으로 기술하시오.

2. 창의적 글쓰기
　: 소설/극본

3. 천자문

4. 독서 노트
　: 로빈슨 크루소 (대니얼 디포)

진리에 대하여

✱ 104. 진리에 대하여 자신의 생각을 종합하시오.

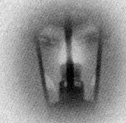

창작의 정석 2

인문철학교육총서

창작의 정석 2

97. 바라지 않음에 대하여: 우화/동화/시

98. 어리석음에 대하여: 우화/동화/시

99. 우월함에 대하여: 우화/동화/시

100. 무아(無我))에 대하여: 우화/동화/시

101. 감성에 대하여: 소설/극본

102. 의지에 대하여: 소설/극본

103. 거짓에 대하여: 소설/극본

104. 진리에 대하여: 소설/극본

고전인문철학수업총서

인문철학교육총서 1~13권 도서 목록

인문철학교육총서 1~13권 도서 목록 (1)

순서	도서	작가	관련 수업
1	15소년 표류기	쥘 베른	3권 22강
2	걸리버 여행기	스위프트	13권 101강
3	공포와 전율	키르케고르	8권 63강
4	구토	사르트르	5권 35강
5	국가 1	플라톤	1권 6강
6	국가 2	플라톤	1권 8강
7	군주론	마키아벨리	5권 39강
8	권력에의 의지(1권)	니체	9권 72강
9	권력에의 의지(2권)	니체	10권 73강
10	그리스로마 신화	不明	2권 10강
11	그림 동화집	그림	1권 4강
12	금강경	석가모니	13권 98강
13	꿈의 해석(1~3장)	프로이드	9권 67강
14	꿈의 해석(4~5장)	프로이드	9권 71강
15	나비	헤르만 헤세	5권 40강
16	나의 라임오렌지나무	바스콘셀로스	3권 17강
17	노자	노자	6권 45강
18	논어	공자	12권 91강
19	니코마코스 윤리학	아리스토텔레스	11권 86강
20	달과 6펜스	서머싯 몸	3권 20강
21	대학	증자	13권 99강
22	데미안	헤르만 헤세	4권 27강
23	도덕의 계보	니체	12권 89강
24	디아프살마타	키르케고르	3권 17강
25	로빈슨 크루소	대니얼 디포	13권 104강
26	리바이어던	홉스	6권 46강
27	마지막 잎세, 크리스마스 선물	오 헨리	6권 41강
28	맹자	맹자	12권 92강
29	멕베스	세익스피어	10권 80강
30	명상록 1	아우렐리우스	1권 4강
31	명상록(전권)	아우렐리우스	9권 70강
32	명상록 2	아우렐리우스	2권 13강
33	명상록 3	아우렐리우스	4권 30강
34	모파상 단편집	모파상	2권 14강
35	목민심서	정약용	10권 78강
36	문학이란 무엇인가	사르트르	4권 31강
37	바보이반	톨스토이	1권 3강
38	반시대적 고찰 1	니체	2권 16강
39	반시대적 고찰 2	니체	9권 66강
40	반지의 제왕	톨킨	7권 50강
41	방법서설 1	데카르트	1권 7강
42	방법서설 2	데카르트	7권 56강
43	법구경	법구	5권 33강
44	변신	카프카	3권 24강

인문철학교육총서 1~13권 도서 목록 (2)

순서	도서	작가	관련 수업
45	별, 마지막 수업	알퐁스 도데	4권 26강
46	보물섬	로버트 스티븐슨	2권 11강
47	보왕삼매론	묘협	5권 40강
48	비밀의 화원	프랜시스 버넷	1권 5강
49	빨강 머리 앤	루시 몽고메리	8권 59강
50	사람에게는 얼마만큼의 땅이 필요한가	톨스토이	1권 3강
51	사람은 무엇으로 사는가	톨스토이	1권 3강
52	사랑의 학교	아미치스	1권 7강
53	사회계약론	루소	4권 25강
54	사회계약론	루소	8권 58강
55	삼국유사	일연	4권 25강
56	삼국유사(2)	일연	8권 64강
57	삼국지 1	나관중	2권 15강
58	삼국지 2	나관중	6권 43강
59	생의 한가운데	루이제 린저	3권 18강
60	생의 한가운데(2)	루이제 린저	11권 82강
61	서광	니체	13권 97강
62	선악을 넘어서	니체	11권 81강
63	성찰	데카르트	3권 18강
64	소공녀	프랜시스 버넷	2권 13강
65	소월의 명시	김소월	7권 51강
66	소크라테스의 변명	풀라톤	1권 1강
67	수상록	몽테뉴	11권 84강
68	순수이성비판	칸트	12권 95강
69	신논리학	베이컨	2권 9강
70	아라비안나이트	불명	2권 16강
71	안네의 일기	안네 프랑크	4권 25강
72	안데르센 동화집	안데르센	1권 2강
73	어느 개의 고백	카프카	3권 24강
74	어린 왕자 2	생텍쥐페리	2권 14강
75	어린 왕자 1	생텍쥐페리	2권 9강
76	엉클 톰스 캐빈	스토	3권 21강
77	역사철학강의	헤겔	5권 36강
78	예링	권리를 위한 투쟁	7권 54강
79	예언자 1	칼릴지브란	2권 12강
80	예언자 2	칼릴지브란	3권 19강
81	왕자와 거지	마크트웨인	4권 29강
82	육조단경	혜능	12권 94강
82	유토피아	토마스 모어	8권 57강
84	의무론	키케로	5권 34강
85	이방인	까뮈	8권 61강
86	이솝우화(2)	이솝	13권 100강
87	이솝우화 1	이솝	1권 1강
88	이솝우화 2	이솝	4권 32강

인문철학교육총서 1~13권 도서 목록 (3)

순서	도서	작가	관련 수업
89	인간 불평등 기원론	루소	1권 5강
90	인간적인 너무나 인간적인 1	니체	1권 2강
91	인간적인 너무나 인간적인 2	니체	6권 47강
92	인간적인 너무나 인간적인 3	니체	6권 48강
93	일리아드 오디세이	호메로스	6권 44강
94	자본론(1~3편)	마르크스	7권 55강
95	자본론(4~7편)	마르크스	8권 62강
96	잠언	성서	5권 38강
97	장자 1	장자	2권 15강
98	장자 2	장자	7권 49강
99	젊은 베르테르의 슬픔	괴테	3권 19강
100	정치학	아리스토텔레스	5권 37강
101	제인 에어	샬럿 브론테	13권 103강
102	존 S. 밀	자유론	7권 52강
103	존재와 무(2부)	사르트르	9권 69강
104	존재와 무(3부)	사르트르	10권 77강
105	존재와 무(4부)	사르트르	11권 85강
106	존재와 무(서론, 1부)	사르트르	9권 68강
107	존재와 시간(서론)	하이데거	10권 75강
108	주역	不明	9권 65강
109	중용	자사	12권 90강
110	즐거운 지식	니체	10권 76강
111	지하생활자의 수기	도스토예프스키	1권 3강
112	지하생활자의 수기(전권)	도스토옙스키	11권 83강
113	차라투스트라는 이렇게 말했다	니체	3권 22강
114	차라투스트라는 이렇게 말했다(1,2부)	니체	8권 60강
115	차라투스트라는 이렇게 말했다(3,4부)	니체	12권 93강
116	채근담	홍자성	12권 96강
117	철학자들의 생각 1	不明	6권 42강
118	철학자들의 생각 2	不明	6권 44강
119	체호프 단편선	체호프	3권 23강
120	키다리 아저씨	진 웹스터	13권 102강
121	탈무드 1	不明	1권 5강
122	탈무드 2	不明	1권 6강
123	톰 소여의 모험	마크트웨인	1권 8강
124	팡세	파스칼	4권 28강
125	프린키피아	뉴턴	10권 74강
126	국가	플라톤	7권 53강
127	한비자 1	한비	2권 10강
128	한비자 2	한비	3권 21강
129	햄릿	세익스피어	11권 88강
130	헤세의 명시	헤르만 헤세	10권 79강
131	황금 머리를 가진 사나이	알퐁스 도데	5권 40강
132	황금의 가지	프레이저	11권 87강

창작의 정석 2

명예를 위해 살지 말고
명예롭게 살라.

인문철학교육총서 1~13

고전인문철학수업 1 : 과거를 창조함

고전인문철학수업 2 : 제 3의 탄생

고전인문철학수업 3 : 여유로움과 나태함

고전인문철학수업 4 : 평등한 세상

고전인문철학수업 5 : 배려와 희생

고전인문철학수업 6 : 이해와 사랑

토론의 정석 1 : 약자에 대한 배려

토론의 정석 2 : 계층 문제

논술의 정석 1 : 인간과 문화

논술의 정석 2 : 인간과 평화

논술의 정석 3 : 인간과 합리

창작의 정석 1 : 명예로움에 대하여

창작의 정석 2 : 바라지 않음에 대하여

인문철학교육총서

창작의 정석 2

1판1쇄 ‖ 2024년 1월 1일
지은이 ‖ 이지훈
펴낸곳 ‖ 지성과문학사
등록　‖ 제251-2012-40호
전화　‖ 031-707-0190
팩스　‖ 031-935-0520
이메일 ‖ bookfs@naver.com

ISBN 979-11-91538-39-7 (03100)

출판사의 허락 없이 무단 복제와 무단 전재를 금합니다.
잘못된 책은 구입처에서 교환해 드립니다.
이 책에서 사용된 문양은 한국문화정보센터가 창작한 저작들을 공공누리 제 1유형에 따라
이용합니다.

이 책의 모든 저작권은 지성과문학사가 가지고 있습니다.

✲ 고전인문철학수업 1

1. 과거를 창조함에 대하여 (플라톤, 소크라테스의 변명)
2. 소극적 자유와 적극적 자유에 대하여 (니체, 인간적인 너무나 인간적인)
3. 자유의지에 대하여 (도스토예프스키, 지하생활자의 수기)
4. 자유로운 일과 자유를 주는 일에 대하여 (아우렐리우스, 명상록)
5. 창조의 힘, 개별의지에 대하여 (루소, 인간불평등기원론)
6.. 개별의지의 적용에 대하여 (플라톤, 국가 Ⅰ)
7. 선택받는 삶과 선택하는 삶에 대하여 (데카르트, 방법서설)
8. 올바름과 어리석음에 대하여 (플라톤, 국가 Ⅱ)

✲ 고전인문철학수업 2

9. 제3의 탄생에 대하여 (베이컨, 신논리학)
10. 꿈의 구조도에 대하여 (한비, 한비자)
11. 생각의 지도에 대하여 (통합사유철학강의)
12. 숭고한 나눔에 대하여 (칼릴지브란, 예언자)
13. 명예로운 삶에 대하여 (아우렐리우스, 명상록)
14. 우리에게 중요한 것들에 대하여 (생텍쥐페리, 어린 왕자)
15. 삶의 목적에 대하여 (장자, 장자)
16. 참과 진리에 대하여 (니체, 반시대적 고찰)

✲ 고전인문철학수업 3

17. 여유로움과 나태함에 대하여 (키르케고르, 디아프살마타)
18. 성찰과 회복에 대하여 (데카르트, 성찰)
19. 아름다움에 대하여 (칼릴지브란, 예언자)
20. 행동과 열정에 대하여 (서머싯 몸, 달과 6펜스)
21. 겸손과 지혜에 대하여 (한비, 한비자)
22. 인식의 세 단계에 대하여 (니체, 차라투스트라는 이렇게 말했다)
23. 진실과 오해에 대하여 (체호프, 체호프 단편선)
24. 인간의 조건에 대하여 (카프카, 변신)

✽ 고전인문철학수업 4

25. 평등한 세상을 위하여 (루소, 사회계약론)
26. 인간의 본성에 대하여 (알퐁스 도데, 별)
27. 문제와 해결에 대하여 (헤르만 헤세, 데미안)
28. 허영과 충만에 대하여 (파스칼, 팡세)
29. 편견과 본성에 대하여 (마크트웨인, 왕자와 거지)
30. 자기철학에 대하여 (아우렐리우스, 명상록)
31. 자존과 수용에 대하여 (사르트르, 문학이란 무엇인가)
32. 노력과 만족에 대하여 (이솝, 이솝 우화)

✽ 고전인문철학수업 5

33. 배려와 희생에 대하여 (법구, 법구경)
34. 유익과 선에 대하여 (키케로, 의무론)
35. 존재에 대하여 (사르트르, 구토)
36. 시대정신에 대하여 (헤겔, 역사철학강의)
37. 목적과 자격에 대하여 (아리스토텔레스, 정치학)
38. 인내와 용기에 대하여 (성서, 잠언)
39. 배움의 이유에 대하여 (마키아벨리, 군주론)
40. 성공의 길과 진리의 길에 대하여 (헤르만 헤세, 나비)

✽ 고전인문철학수업 6

41. 이해와 사랑에 대하여 (오헨리, 마지막 잎새)
42. 이해와 득실에 대하여 (냉철한 그리고 분노하는, 철학자들의 생각)
43. 합리적 계책에 대하여 (나관중, 삼국지)
44. 평등과 자격에 대하여 (냉철한 그리고 분노하는, 철학자들의 생각)
45. 시간과 존재에 대하여 (실존을 넘어서)
46. 자유와 평등에 대하여 (홉스, 리바이어던)
47. 관계와 인간에 대하여 (니체, 인간적인 너무나 인간적인 Ⅰ)
48. 나와 [나]에 대하여 (니체, 인간적인 너무나 인간적인 Ⅱ)

✱ 토론의 정석 1
| 인문철학교육총서 7 |

49. 우리 시대 약자는 살기 괜찮은가: 약자에 대한 판결 불공정 문제
50. 우리 시대 교육은 문제없는가: 대학 서열 문제
51. 우리 시대 직업은 그 역할을 다하고 있는가: 직업 서열 문제
52. 우리 시대는 술과 정신병 문제에 대한 대처를 잘하고 있는가: 술, 정신병 문제
53. 우리 시대는 부동산 등 불로소득을 잘 징계하고 있는가: 부동산, 불로소득 문제
54. 우리 시대 종교는 타락하고 있지 않은가: 타락한 종교 문제
55. 우리 시대는 처벌에 대해 평등의 원칙을 잘 준수하는가: 공평한 벌금 문제
56. 우리 시대는 정당방위를 충분히 보장하고 있는가: 정당방위 문제

✱ 토론의 정석 2
| 인문철학교육총서 8 |

57. 우리 시대는 계층 문제를 충분히 고려하고 있는가: 계층 문제
58. 우리 시대의 제사, 결혼, 장례 문화는 적절한가: 제사, 결혼, 장례의 전통 문제
59. 우리 시대는 상속을 왜 허용하면 안 되는가: 상속 문제
60. 우리 시대는 아직 일본과의 관계를 해결하지 못하고 있는가: 일본과의 관계 문제
61. 우리 시대는 남북통일을 잘 추진하고 있는가: 남북한 통일 문제
62. 우리 시대는 한중일 3국 연합을 준비하고 있는가: 한중일 연합 문제
63. 우리 시대는 개인의 생명과 안전을 스스로 지킬 수 있는가: 총기 소지 문제
64. 우리 시대는 모두의 인권을 존중해야 하는가: 인권과 사형 문제

✱ 논술의 정석 1
| 인문철학교육총서 9 |

65. 인간과 문화에 대하여: 비교와 추론
66. 인간과 환경에 대하여: 추론과 비판
67. 인간과 문학에 대하여: 비교와 평가
68. 인간과 예술에 대하여: 비교와 관점
69. 인간과 리더에 대하여: 분류와 평가
70. 인간과 평등에 대하여: 비교와 비판
71. 인간과 문명에 대하여: 비교와 대안
72. 인간과 운명에 대하여: 활용과 평가

✻ 논술의 정석 2

| 인문철학교육총서 10 |

73. 인간과 평화에 대하여: 비교와 추론
74. 인간과 기계에 대하여: 비교와 설명
75. 인간과 성취에 대하여: 비교와 평가
76. 인간과 정직에 대하여: 차이와 해석
77. 인간과 공정에 대하여: 핵심과 전개
78. 인간과 사회에 대하여: 추론과 근거
79. 인간과 빈곤에 대하여: 옹호와 비판
80. 인간과 존엄에 대하여: 서술과 한계

✻ 논술의 정석 3

| 인문철학교육총서 11 |

81. 인간과 합리에 대하여: 분류와 추론
82. 인간과 실존에 대하여: 적용과 해석
83. 인간과 발전에 대하여: 분석과 견해
84. 인간과 윤리에 대하여: 논점과 비판
85. 인간과 소외에 대하여: 해석과 대안
86. 인간과 대안에 대하여: 분석과 타당
87. 인간과 신뢰에 대하여: 평가와 추론
88. 인간과 정의에 대하여: 분류와 요약

✻ 창작의 정석 1

| 인문철학교육총서 12 |

89. 명예로움에 대하여: 수필
90. 숭고함에 대하여: 수필
91. 자기 세계에 대하여: 수필
92. 방향(芳香)에 대하여: 수필
93. 가난함에 대하여: 논설
94. 강함에 대하여: 논설
95. 오류에 대하여: 논설
96. 기다림에 대하여: 논설

✽ 창작의 정석 2
| 인문철학교육총서 13 |

97. 바라지 않음에 대하여: 우화/동화/시
98. 어리석음에 대하여: 우화/동화/시
99. 우월함에 대하여: 우화/동화/시
100. 무아(無我)에 대하여: 우화/동화/시
101. 감성에 대하여: 소설/극본
102. 의지에 대하여: 소설/극본
103. 거짓에 대하여: 소설/극본
104. 진리에 대하여: 소설/극본

창작의 정석 2